Vie de Saint~Roch

Patron de Trans

PAR

L'Abbé J.-M. SIVAN

« Je signifie et donne
avis que ceux qui seront
frappés de la peste et qui
recourront à la protection
de Saint-Roch, échappe-
ront à ce mal contagieux
par son intercession. »

BRIGNOLES

LIBRAIRIE LÉOPOLD REQUIN

—

1893

Se vend au profit de la Chapelle

Vie de Saint-Roch

PATRON DE TRANS

PAR

L'Abbé J.-M. SIVAN

« Je signifie et donne avis que ceux qui seront frappés de la peste et qui recourront à la protection de Saint-Roch échapperont à ce mal contagieux par son intercession. »

BRIGNOLES

LIBRAIRIE LÉOPOLD REQUIN

1893

Se vend au profit de la Chapelle

SAINT-ROCH

Patron et Protecteur de Trans

I

Il n'est guère en Provence, je puis ajouter, sans témérité, il n'est pas dans le Midi de la France et de l'Italie, de ville et de village, si petit, soit-il, qui ne possède une chapelle, ou du moins un oratoire ou un autel dédié à Saint-Roch ; quel était donc cet homme de Dieu ? et pourquoi cette dévotion qui, au lieu de diminuer dans notre siècle indifférent et athée, augmente tous les jours ?

Saint-Roch est presque un compatriote, qui s'est dévoué pendant sa vie au service des pestiférés ; qui a souffert, avec la plus grande résignation, toutes les douleurs de ce mal horrible et qui, depuis sa mort, du haut du Ciel, où sa vertu et surtout sa charité lui ont donné un trône, délivre et préserve de la peste tous ceux qui l'invoquent. C'est, comme nous le verrons, ce qu'il a fait pour nos pays.

Roch naquit à Montpellier, une des principales villes du Languedoc, dépendant alors des princes de Majorque, sous la suzeraineté des rois de France : Philippe-le-Hardi régnait sur ce beau pays, le plus beau après celui du Ciel; Jeanne était reine de Naples et comtesse de Provence, et Martin V tenait d'une main ferme le gouvernail de l'Eglise (1284).

Le père de Saint-Roch se nommait Jean. Il était moins recommandable par la noblesse de son origine et par sa vaillance dans la guerre, que par sa justice et sa vertu; sa mère, qui avait nom Libéria, était en tout digne de son mari. Comme la mère de la Vierge-Marie et celle de Samuel, Libéria était déjà arrivée à un âge où il semblait qu'elle dût renoncer aux joies de la maternité; mais, de concert avec son pieux époux, elle redouble de ferveur, répand avec plus de largesse ses aumônes, se livre au jeûne et à la prière, pour obtenir de Dieu un fils. Elle fait vœu, si elle est exaucée, de le consacrer au service du Seigneur.

C'est à la Vierge-Marie que Jean et Libéria s'adressèrent avec la plus entière confiance, et bientôt elle mit au monde cet enfant de bénédiction. Comme si Dieu eut voulu rappeler à ses parents qu'ils le lui avaient consacré dès avant sa naissance, il naquit *une croix rouge* imprimée sur la poitrine. Libéria était si heureuse d'être mère, qu'elle nourrit de son lait l'enfant de sa vieillesse. Pourtant, comme si celui-ci savait déjà qu'il était l'oblat du Seigneur, les mercredis et les vendredis, à l'imitation de Saint-Nicolas-de-Myre, il ne voulait prendre sa nourriture qu'une fois le jour.

Dès qu'il sut balbutier quelques mots, cette mère chrétienne lui apprit à bénir le nom de Dieu. Aussi, à 5 ans, Roch connaissait-il déjà et priait-il le Père que nous avons au Ciel. Il faisait davantage et se privait, non-seulement de friandises, mais même d'une partie de sa nourriture. A 12 ans, c'était déjà le parfait chrétien, qui connaissait, aimait et servait Dieu du plus pur de son cœur : Après l'abstinence et la mortification, ce qu'il pratiquait le mieux, c'était la charité. Il donnait aux pauvres tout ce dont il pouvait disposer, se dépouillant de tout, pour les secourir.

Deux grandes douleurs étaient réservées à notre saint dans la perte de ses bien-aimés parents. Son père, sur son lit de mort, recommanda à Roch, comme Tobie à son fils, avant toutes choses, non pas l'honneur de son nom et l'élévation de sa famille, mais l'amour de Dieu, l'innocence et la piété.

Quoiqu'il eût à peine 20 ans, Roch promit à son père d'être fidèle à ses recommandations, et il tint parole. Quand, peu de temps après, Libéria, sa mère, ne pouvant survivre à celui qu'elle avait saintement aimée, de toute son âme, sur la terre, alla le rejoindre dans le Ciel, Roch devint le maître d'une grande fortune. Il ne se laissa éblouir ni par l'éclat de son rang, ni par ses richesses. Il aspirait à un héritage plus riche et à un plus grand honneur, au royaume des Cieux ! Aussi, il se hâte de distribuer la plus grande partie de ses biens aux pauvres et laisse l'administration du reste à son oncle maternel ; puis il quitte sa ville natale, un bâton de pèlerin à la main, pour s'acheminer vers la ville éternelle.

II

Sans doute, pour descendre en Italie, Saint-Roch dut suivre l'antique voie *aurelia* qui, à cette époque, était encore le grand chemin de Rome : La tradition qui assure que notre saint passa dans nos contrées est, par conséquent, certaine. Il n'est pas moins certain que les pèlerins avaient pour habitude d'aller demander gîte et nourriture aux hôpitaux, abbayes et châteaux qu'ils rencontraient sur leur route. Or, tout à côté de Trans, sur le territoire des Arcs, était la Chartreuse de Celle-Roubaud, dédiée à Sainte-Catherine, la vierge d'Alexandrie, et qu'illustra, vers cette époque, une autre vierge, Sainte-Roseline-de-Villeneuve ; il est donc permis de supposer que le pèlerin de Montpellier demanda l'hospitalité ou au couvent des Moniales ou au château des seigneurs de Trans, ou aux hospices de Draguignan, et ainsi dans tous les lieux où il s'arrêtait.

La peste, à son passage, ravageait-elle nos pays ? C'est plus que probable, puisque tous les historiens assurent qu'en l'année 1301, elle dépeuplait l'Italie. La Provence n'est séparée de cet Etat que par quelques montagnes, les derniers contreforts des Alpes, qui viennent se baigner dans la Méditerranée ; or, *ce fléau, roi de tous les fléaux*, comme l'appelle Turquety, dans son vol de vautour, ne saurait être arrêté par les monts les plus élevés.

Est-ce alors qu'une première fois, Saint-Roch protégea Trans et toute la Provence contre le mal contagieux ? nous n'oserions l'affirmer ; nos archives ne datant que de 1530, nous n'avons là-dessus aucun document. Pourtant, si l'histoire est muette, la voix du peuple parle et voici ce qu'elle raconte, ce n'est qu'une légende, mais elle est si gracieuse, que nous ne résistons pas au plaisir de la citer :

Draguignan, comme Plaisance en Italie, était en proie à la contagion ; nombreuses étaient les victimes que chaque jour, elle jetait dans la tombe. Cette malheureuse ville était tellement infectée qu'on ne trouvait plus de bras pour creuser des fosses et qu'on jetait à la voirie les cadavres des pestiférés. C'était surtout le lit de la Nartuby qui servait de tombeau et ses eaux, littéralement empestées, répandaient partout, sur leur passage, le germe de mort. Grande était l'épouvante à Trans, où la rivière coule avec rapidité, et qui recevait alors toutes les immondices de son chef-lieu. Non-seulement il n'y avait plus moyen de puiser à la Nartuby l'eau nécessaire à la population, mais même de s'en approcher, tant l'odeur qui s'en exhalait était insupportable.

Roch arrive ; il voit la détresse de ce malheureux pays ; de sa main puissante, il touche les ondes empestées de la rivière, et voilà qu'elles se divisent en deux branches : les eaux délétères qui viennent de Draguignan, d'un côté, et les eaux de la Foux, de l'autre.

Et c'est là, en souvenir de ce miracle, dit-on, que toutes les années, la veille de la fête, la Municipalité fait planter le pin et apporter le bois pour le feu qu'on brûle, en l'honneur du patron aimé des Transiens.

III

A peine arrivé en Italie, Roch apprend que le fléau sévit dans toute la péninsule et que la ville d'Aquapendente est plus ravagée que les autres ; au lieu de continuer son chemin vers Rome, il s'y rend, va frapper à la porte de l'hôpital. L'administrateur, nommé Vincent, à cause de la jeunesse et de l'extrême délicatesse de cet infirmier volontaire, ne veut pas le recevoir ; mais le saint jeune homme fit de telles instances que, Vincent n'osa plus le repousser. Sans crainte de la mort, Roch se dévoue aux soins des pestiférés ; il fait davantage, il les exhorte à revenir à Dieu, au repentir, et faisant ensuite sur eux, le signe de la croix, s'il n'ose, comme Pierre, leur dire : « Au nom de Jésus de Nazareth, lève-toi et marche », il ne leur rend pas moins la force et la santé.

Bientôt, grâce au dévouement et aux prières de Roch, la contagion cesse complètement. Mais déjà il a repris le bâton de pèlerin et marche avec le plus de célérité possible vers Césène, où la maladie faisait d'affreux ravages, la délivre également par ses prières et guérit les malades par le signe de la croix.

Qu'il est puissant le signe de la Croix ! Saint-Antoine, par lui, mettait en fuite les démons ; Saint-Benoit, en faisant le signe de la Croix, avant de boire, sur une boisson qui devait l'empoisonner, voit le verre se briser miraculeusement entre ses mains ; Saint-Roch, par lui, guérissait les malades !

Dans toutes nos peines et nos tentations, munissons-nous de ce signe sacré.

Dans Césène, on disait que Roch était un ange du Ciel, envoyé tout exprès par le Seigneur pour soulager les chrétiens dans cette cruelle calamité ; mais lui, de répondre qu'il n'était qu'un pauvre pêcheur, qui, pour expier ses fautes et se rapprocher de Dieu, s'était voué au service des malheureux pestiférés. De crainte que la reconnaissance publique ne se manifestât trop grande à son égard, et comme. d'ailleurs, la maladie avait disparu de Césène, Roch s'éloigna de cette ville, pour aller à Rome, où elle venait de se déclarer.

IV

Avant de consacrer ses soins à ceux qui étaient atteints de la maladie, Roch demanda une audience au cardinal Britonique, se confessa et reçut de ses mains la Sainte-Communion. Le cardinal, déjà instruit par la renommée de ce qu'avait fait Roch à Aquapendente et à Cesène, et voyant quel cœur de saint battait dans sa poitrine, lui demanda, à son tour, d'obtenir de Dieu la cessation du cruel fléau. Immédiatement, notre pieux jeune homme se met en prière, et sentant qu'il est exaucé, il se lève et fait sur le front du cardinal, le signe de la Croix, pour lui servir de préservatif contre la peste. Mais le signe divin demeura gravé sur le front du cardinal Britonique, et comme certains prétendaient que cette croix défigurait son visage, Roch lui fit comprendre que c'était au contraire un honneur de porter ostensiblement la croix de Jésus-Christ.

Conduit par le cardinal, à l'audience du Pape, qui devait être alors Benoit XI, il fut reçu comme un fils bien aimé, par le père commun de tous les fidèles ; mais Roch se proterna à ses pieds, baisa la mule et supplia avec larmes Sa Sainteté de lui donner sa bénédiction.

« Mon fils, vous n'avez pas besoin de notre absolution, mais nous avons besoin de vos prières. Priez pour Rome ».

Roch pria, suivant l'ordre du Souverain Pontife, et Rome fut délivrée.

Jusqu'à la mort du cardinal Britonique, Roch

demeura dans la ville éternelle, et pendant trois années entières, il se livra, de concert avec ce pieux prélat, à toutes les œuvres de la charité chrétienne.

V

Roch résolut de retourner dans son pays. Il reprit le chemin de la Provence, à petites journées, s'arrêtant dans chaque ville, visitant les hôpitaux et, soignant, avec un dévouement sans pareil, les malades et leur rendant presque toujours la santé. La peste continuait ses ravages et quoique, toujours au milieu des pestiférés, Roch n'en avait pas encore subi les cruelles atteintes. Mais le Seigneur lui réservait cette épreuve, afin de mieux faire éclater sa vertu et surtout sa patience.

Il apprend que Plaisance est la proie du fléau ; il accourt en toute hâte dans cette ville, s'enferme dans le Lazaret avec les pestiférés, et là se dépense, nuit et jour à leur service, opère d'éclatantes guérisons, toujours en vertu du signe de la croix.

Hélas ! victime de son dévouement, il fut atteint par la contagion. Mais avant de le frapper, Dieu l'avertit miraculeusement : Accablé de lassitude, il prenait un peu de repos, quand, pendant son sommeil, une voix d'en haut vint lui dire, qu'il fallait se préparer à de plus grandes peines, subir à son tour le mal contagieux. Roch ne repoussa point le calice qui lui était offert ; il le but jusqu'à la lie, comme le Maître au Jardin des Oliviers, entièrement soumis à la volonté divine.

A peine a-t-il donné son consentement, qu'il est éveillé par des douleurs insupportables dans la jambe gauche : Un bubon pestilentiel a déjà fait enfler sa cuisse et forme une horrible plaie. Roch, malgré sa résignation, ne peut retenir les cris de douleur qui s'échappent de sa bouche, mais pensant aux autres toujours plus qu'à lui-même, plein de charité pour ses frères malades, il sort de l'hôpital, et va, nouveau Job, se coucher, non loin de la porte, sur un tas d'immondices. Quelques âmes charitables, veulent le faire rentrer. Il refuse obstinement. Il avait raison, car ce peuple oublieux des services rendus, de crainte qu'il ne répande la contagion, le chasse bientôt sans miséricorde. Quoiqu'il pût à peine se tenir debout, tremblant de fièvre, Roch s'appui sur son bâton, se traîne jusque dans la forêt voisine, et se réfugie dans une cabane abandonnée.

L'homme de Dieu va-t-il mourir seul et sans secours? Lui que nous avons vu prodiguer ses veilles et ses soins à des malades inconnus, leur rendre la santé, ne verra-t-il aucun d'eux accourir pour le soulager dans son infortune ? Le disciple n'est pas plus grand que le Maître et si Jésus fut abandonné de tous aux jours de ses douleurs, Roch ne fut, sans doute, pas étonné de ne voir personne venir lui donner un verre d'eau froide pour étancher sa brûlante soif ? Je me trompe, Dieu vint lui-même remplir le cœur de son fidèle serviteur d'inéffables consolations : A côté de la hutte où il s'était réfugié, jaillit une source où il put laver sa plaie et boire jusqu'à satiété. Cette source miraculeuse coule encore aujourd'hui, et, en temps d'épidémie, les habitants des contrées environnantes viennent s'y abreuver, certains que, par l'intercession de Saint-Roch, ils seront préservés de tout mal [1].

(1) A Montpellier, se trouve un puits, appelé « puits de Saint-Roch ». Dans la *Vie* de notre saint, le curé de la paroisse de ce nom de cette ville dit que « les fidèles vont boire de l'eau pour être préservés des maladies contagieuses ou pour obtenir des guérisons désespérées... Un usage tout à fait antique et qui avait encore force de loi à l'époque de la Révolution de 1789, obligeait le propriétaire du puits de Saint-Roch à le mettre, le jour de sa fête, à la disposition de tous les habitants qui voulaient en user, et à qui on fournissait, au surplus, quantité de gobelets en fer blanc destinés à cet usage ».

VI

Le Seigneur avait fait, comme pour Israël, dans le désert, jaillir du rocher aride, la source d'eau vive dont son serviteur avait besoin ; maintenant que ses plaies commencent à se fermer et que la guérison arrive, il lui enverra la manne du Ciel pour le nourrir.

Mais non ! pas n'est besoin à Dieu de faire pleuvoir la manne du Ciel, il a d'autres moyens dans sa puissance, et si un corbeau apportait, chaque jour, à Saint-Paul, au fond de la Thébaïde, la moitié du pain qui devait servir à le substanter, un chien sera le pourvoyeur de notre pèlerin, et voilà pourquoi, dans ses images, on voit toujours, à côté de Saint-Roch, un chien, tenant dans sa gueule, un morceau de pain.

A l'entrée de la forêt où Roch avait cherché un refuge, s'élevait le château du seigneur Gothard. De crainte de la contagion, celui-ci avait fui Plaisance : Tandis que Roch, comme le pauvre Lazare, gémissait, couvert de plaies, couché sur la terre, le mauvais riche, dans son palais, vivait splendidement. Un des chiens de Gothard, chassant dans les bois, vint jusqu'à la cabane du malheureux pestiféré. Au lieu d'aboyer et de mordre, comme font d'ordinaire ses congénères envers les pauvres et les inconnus, il s'approche de Roch, le cajole avec sa queue, lèche ses mains et sa plaie : Guidé, sans doute, par le Tout-Puissant, il revient chaque jour, et apporte au convalescent la nourriture qui lui est nécessaire. A plusieurs reprises, il enlève même le pain déjà servi sur la table de son maitre et disparait, tandis que celui-ci se disposait à le frapper. Gothard, curieux de savoir ce que son chien pouvait faire de ce pain dérobé, le suivit. Ce ne fut, certes, pas sans étonnement et sans émotion qu'il vit son chien déposer ce pain entre les mains d'un pauvre abandonné, dans une misérable hutte, et lécher la plaie qui rongeait sa cuisse tuméfiée, tandis que Roch le caressait en le bénissant. Ce seigneur qui, jusqu'alors, avait oublié qu'il était chrétien, reconnait aussitôt que Roch est un ami de Dieu. Il se jette à ses pieds et lui demande en grâce de quitter sa cabane et de venir habiter son château.

Roch refuse cette offre généreuse et répond, qu'atteint de la peste, il ne veut pas porter la contagion dans sa noble demeure. Le gentilhomme se retire, mais honteux d'avoir vu son chien plus charitable que lui-même, dès ce jour il prodigue ses aumônes à tous les malheureux, et se constitue le garde-malade du saint pestiféré.

Voilà donc ces deux gentilshommes qui possédaient d'immenses richesses, des châteaux et des terres, les voilà confinés dans cet affreux réduit ! En vain, Gothard avait donné à sa domesticité l'ordre d'apporter chaque jour la nourriture nécessaire à leur entretien ! Pleins de terreur, craignant tous d'être atteint du mal contagieux, ils avaient fui ; le chien lui-même ne revint pas.

Manquant de tout, Gothard dut regretter son généreux dévouement ; aussi, quand Roch lui proposa d'endosser son habit de pèlerin, de prendre sa besace et son bâton de mendiant, et d'aller mendier leur pain, Gothard ne voulut pas y consentir. Cependant, sur les instances de Saint-Roch et, sans doute, poussé par la grâce, il partit : Ce mendiant volontaire, rebuté par les uns, insulté par les autres, même par ses parents et amis, qui lui reprochaient d'avoir dissipé sa fortune, ne put quêter dans sa ville natale que deux pains. Aussi, était-il triste à son retour. Roch sut le consoler en lui rappelant la parole du Maître : « Soyez contents et heureux quand vous aurez eu à souffrir quelque chose pour l'amour de Jésus-Christ ! » Mais la tristesse de Gothard changea d'objet quand il apprit bientôt que celui de ses amis qui l'avait le plus maltraité dans Plaisance, avait été, soudain, emporté par la peste. Car le fléau exerçait toujours ses ravages dans cette malheureuse cité.

Roch, quoique souffrant encore, poussé par l'Esprit de Dieu, quitte son grabat pour venir de nouveau la visiter. Il revient dans cet hôpital où il s'était déjà dévoué avec tant de sollicitude au service des pestiférés, les console par ses douces paroles, les ranime par la confiance en Dieu qu'il met dans leur cœur et les guérit par la vertu toute puissante du signe sacré de la Croix.

Bientôt, les germes pestilentiels, chassés par le souffle du Seigneur, disparaissent; la ville reprend son calme et sa tranquillité; et rendu à la santé, chacun s'occupe, comme autrefois, du labeur quotidien.

C'était une action de grâce continuelle en l'honneur du pèlerin inconnu, qui passait en faisant le bien. Les uns baisaient les pans de sa robe, les autres lui offraient leurs richesses, tous le proclamaient le libérateur et le sauveur de leur malheureuse patrie. Et celui qui avait voulu se cacher, vivre inconnu et ignoré, était acclamé par tout un peuple reconnaissant. L'Evangile ne dit-il pas : « celui qui s'humilie, sera exalté ! »

Tandis que Roch, pour échapper à la reconnaissance populaire, se hâte d'aller rejoindre Gothard, un Ange du Ciel qui, jusqu'alors, avait été son compagnon fidèle, mais invisible, vint dire à la foule qui suivait le thaumaturge ce nom de Roch, qu'il n'avait voulu dévoiler à personne. De plus, l'ange l'avertit lui-même que son épreuve est terminée, sa guérison complète et qu'il peut retourner dans son pays.

Quand Gothard vit revenir son jeune compagnon, plein de santé, accompagné de cette multitude qui chantait ses louanges, quand il connut les miracles que Roch avait opérés dans Plaisance, il joignit sa voix à celle de ses concitoyens. Plein d'admiration pour la charité et l'humilité du pèlerin, il écouta ses enseignements, comme le disciple écoute ceux du Maître, pendant les quelques jours qu'ils restèrent encore ensemble et sut ensuite, pendant le reste de sa vie, si bien les mettre en pratique qu'il s'endormit plein de mérites et de vertus, dans le baiser du Seigneur. Aussi son nom est inscrit dans le martyrologe et sa fête se célèbre, à Plaisance, le 25 février.

VII

Roch, pour obéir à l'ordre de Dieu, reprit le chemin de sa patrie, et, sans doute, aussi, pour échapper aux honneurs que voulait lui décerner les habitants de Plaisance. Plus que jamais, il résolut de vivre inconnu et s'efforça de se cacher. Il franchit les Alpes, traverse, de nouveau, la Provence. Arrivé tout près de sa ville natale, il trouve les portes de Montpellier fermées et des soldats qui en défendaient l'entrée. C'est que Jacques III, roi de Mayorque, et Jacques II, roi d'Aragon, étaient en guerre au sujet de la seigneurie de cette cité.

Pris pour un espion par les gardes, Roch fut conduit, enchaîné, au gouverneur, qui n'était autre que son oncle, auquel il avait confié, avant son départ pour l'Italie, ce qu'il voulait laisser à sa famille de la fortune paternelle. Celui-ci ne reconnut pas son neveu, et comme Roch continuait à ne répondre à toutes ses questions qu'il n'était qu'un pauvre pèlerin, tout dévoué au service de Jésus-Christ et des pauvres, ses frères, le gouverneur le fit jeter en prison; et, ajoute le propre de l'ancien diocèse de Maguelonne : « Son oncle ne connaissant

« pas qui était celui que l'on allait ainsi persé-
« cutant, laissa croupir cinq ans son sang, son
« bienfaiteur et une si haute vertu dans un cachot
« des plus méprisés ».

Mais Roch, loin de verser des larmes et de se laisser
aller à la tristesse, se réjouissait d'être jugé digne
de souffrir pour l'amour de Jésus-Christ. Au dur
régime de la prison, il joignit encore des pénitences
volontaires ; fils de François d'Assise, tertiaire,
il portait un rude cilice et se donnait la discipline,
jeûnant, presque continuellement, au pain et à l'eau.

Pourtant, il avait tellement réduit son corps en ser-
vitude, que ses membres ne pouvaient plus se mou-
voir, et il était forcé, le plus souvent, de rester étendu
sur la terre nue ; mais son âme, toujours unie à son
Créateur, était dans la joie, cherchant dans la prière
force et consolation, et mettant toute sa confiance
en Jésus et Marie, cette Mère du Ciel en laquelle
il avait été consacré dès son jeune âge.

Averti par son ange de sa fin prochaine, Roch
demande un prêtre, et reçoit, avec une piété céleste,
les derniers Sacrements. Si le ministre de Dieu avait
été convaincu de suite, en écoutant sa confession,
que celui qui allait mourir sur la paille humide d'un
infect cachot était un saint, il le fut bien davantage
quand il lui apporta le Saint-Viatique : La prison fut

tout à coup inondée d'une lumière surnaturelle et le visage du moribond entouré d'une divine auréole : Le gouverneur, prévenu immédiatement, accourut. suivit de tout un peuple ; mais Roch avait déjà rendu sa belle âme au Seigneur.

Le temps était venu où Dieu devait glorifier son humble serviteur : Tandis que Roch n'avait pas voulu faire connaître son nom, même à son confesseur, l'ange du Seigneur écrivait au-dessus de sa couche funèbre ces paroles : « Je signifie et donne avis que ceux qui seront frappés de la peste et qui recourront à la protection de Roch, échapperont à ce mal contagieux par son intercession ».

L'aïeule de notre saint qui vivait encore, pleine d'admiration et de regrets, en entendant raconter tous ces prodiges, voulant se convaincre par elle-même, que celui dont le cadavre gisait sur ce grabat, était bien son petit-fils, chercha sur sa poitrine la croix miraculeuse qu'il avait apportée, en naissant. Il ne lui fut pas difficile de la retrouver, et chacun put reconnaître à ce signe indélébile, que le prisonnier était bien le fils de Jean, l'ancien gouverneur de la ville.

Dire les regrets de l'aïeule et de l'oncle persécuteur involontaire de son neveu, serait chose impossible ! Que de larmes amères ne versèrent-ils pas sur le corps du bienheureux pèlerin ! L'oncle, surtout était inconsolable et conjurait Roch, en embrassant sa dépouille mortelle, de lui pardonner. Il voulut lui faire de magnifiques funérailles. Mais pas n'était besoin d'y convoquer le peuple, toute la ville voulut accompagner jusqu'au lieu de sa sépulture l'ami du Christ, celui dont Dieu lui-même avait voulu glorifier les derniers moments. Ce fut un triomphe véritable et chacun d'invoquer déjà Roch comme un saint. C'était vraisemblablement, le 16 août 1327.

De plus, pour réparer aux yeux même de la postérité, le mal qu'il avait fait à Roch, son neveu, le gouverneur fit bâtir une chapelle où furent déposé ses précieuses reliques.

VIII

Dès son vivant, en Italie, et immédiatement après sa mort, en France, et surtout en Provence, on invoqua Saint-Roch pour être préservé de la peste. Cette dévotion au lieu de diminuer avec le temps, ne fit, au contraire, qu'augmenter et se répandre ; elle devint presque universelle, après le concile de Constance, en 1414.

Tandis que les Pères du Concile étaient réunis,

la peste se déclara tout à coup dans tous les pays environnants : malgré toutes les précautions, elle pénétra dans la ville, où bientôt elle fit de nombreuses victimes. Les évêques, ne pouvant plus tenir leurs assemblées, résolurent de se séparer et de rentrer dans leurs diocèses respectifs, quand un prélat allemand, sous l'inspiration divine, leur suggéra la pensée d'invoquer Saint-Roch, comme on le faisait en Provence, et il raconta les merveilles opérées par le thaumaturge, et dans nos contrées et en Italie : Tous les pères prescrivirent par acclamation un jeûne et une procession en l'honneur du pèlerin de Montpellier et, dès le lendemain, tous les habitants de Constance se rangèrent sous la bannière de Saint-Roch et le supplièrent, en parcourant toutes les rues de la cité, de les délivrer de la contagion. Ils furent exaucés. La peste cessa, et le Concile put, sans encombre, mener à bonnes fins son œuvre.

Le même miracle se renouvela en faveur d'Amiens, Arras, Beauvais, Cambrai : A Paris, en 1490, les Carmes avaient vu leur couvent en proie au mal contagieux ; saisis de terreur, ils semblaient n'attendre plus que la mort, et s'efforçaient de s'y préparer saintement. Un d'entre eux, cependant, Frère Jean Philippi, professeur en théologie, se souvint de ce qu'avait obtenu par l'intercession de Saint-Roch, les Pères du Concile de Constance; il fit placer, dans la chapelle, un tableau représentant notre saint. Sa confiance ne fut pas déçue; la contagion cessa, et les moines du Carmel, reconnaissant, dédièrent à Saint-Roch leur église. Ils célébraient solennellement sa fête, le dimanche après l'Assomption de la B. V. Marie, et faisaient mémoire de ce saint protecteur tous les autres dimanches de l'année. Bientôt, toute la capitale connut le prodige, et nombreux, dès lors, furent les pélerins qui vinrent s'agenouiller au pied de l'image miraculeuse de la chapelle des Carmes.

En 1495, quand le fléau reparut plus meurtrier dans la capitale, on vit accourir en foule les fidèles dans cette chapelle : Les malades atteints du mal de mort, ceux, surtout, qui étaient dénués de tous secours humains, qui, pleins de confiance, adressaient leurs supplications à Saint-Roch et promettaient de venir lui rendre grâces au pied de l'autel qu'on lui avait consacré, obtinrent presque tous leur complète guérison.

Il en fut de même à Aix-en-Provence, en 1628; à Salon, en 1631 et 1632, à Vermand-en-Vermandois, dans le diocèse d'Auxerre; Montargis, diocèse de Sens, qui font aussi des prières votives et des processions en l'honneur de Saint-Roch, pour reconnaitre les bienfaits obtenus par son puissant patronage.

Toulon, en 1664, quand la peste la ravageait, ne s'adressa pas en vain au pieux pèlerin de Montpellier.

Si nous en croyons l'auteur des époques historiques de la Communauté de cette ville, cette peste fut apportée, le 15 septembre 1664, par le nommé Serre, venu de Gigery (en Barbarie), avec le navire commandé par le sieur Dechâteauneuf.

Aussi, le Conseil de la communauté, qui déjà avait fait bâtir une chapelle en l'honneur de Roch, au quartier qui porte encore son nom, vota 1,500 livres pour l'achat de deux chasses : une pour les reliques de Saint-Roch et l'autre pour celle de Saint-Sébastien, autre patron, qu'on invoquait également pour être préservé de la peste : De plus, le Conseil s'engagea à donner à perpétuité et annuellement aux marguilliers de Saint-Roch un baril d'huile pour faire continuellement brûler une lampe dans sa chapelle, hors des murs, et devant son image [1].

Il ne mourut, pendant cette contagion, que deux cent vingt-cinq personnes.

----

[1] 1662-1668. — (*Archives de Toulon*). — B. B. ; tome III. Registre grand in-folio p.; 516 feuillets.

Il existait à Toulon une confrérie de de Saint-Roch, et la corporation des cordiers, auffiers, regrettiers, etc., était sous le vocable de notre saint.

A Trans, ce fut lors de la peste de 1720, qu'on eut surtout recours à Saint-Roch.

Le Conseil de la Communauté fit vœu, si le bourg était préservé de la peste, de faire, tous les ans, une procession pour en perpétuer le souvenir [1].

---

[1] 1752-1782. — II. H. — 7) cartons, 21 pièces, 1 parchemin.
Citons en entier la délibération si chrétienne du Conseil de la Communauté, qui met le lieu de Trans sous la protection de notre saint :

Séance du 8 Décembre 1720

« *L'an mil sept cent vingt, et le huitième jour du mois de décembre, assemblé le Conseil de la Communauté de ce lieu de Trans.....*

« *Messieurs les Consuls représentent à l'assemblée que ce lieu a si souvent ressenty les secourables effets de la bonté de Dieu, par l'intercession du glorieux St-Roch, notre protecteur, qu'ils croyent que rien ne peut plustôt nous éviter la contagion dont nous sommes menacés et qui a déjà affligé partie des villes et lieux de cette province, que d'avoir recours en une occasion si pressante, à des nouvelles prières de ce saint auprès du Seigneur, suivies des réparations de son autel, érigé en l'église paroissiale de cedit lieu et d'un vœu solennel de continuer telles prières annuellement et perpétuellement, à tels jours que l'Assemblée trouvera à propos et en la forme qu'elle résoudra, ce qui sera même*

Et depuis, chaque année, la religieuse population de ce village, le quatrième dimanche de l'Avent, remplit le vœu de ses aïeux : une neuvaine de messes est célébrée, une procession solennelle est faite avec un grand concours de fidèles.

à concourir à la dévotion et confiances de tous les habitans, à la miséricorde de Dieu, par l'intercession de ce saint protecteur.

« Sur cette proposition, l'Assemblée a délibéré tout d'une voix que pour concourir et satisfaire à la dévotion et confiance que le peuple a à l'intercession du glorieux St-Roch, notre protecteur, qu'il sera fait annuellement et perpétuellement une procession générale, où les frères pénitens blancs seront mandés d'assister à la chapelle de ce saint, après avoir fait le tour du village, où il sera dit et célébré une grande messe solennelle le dimanche primedial avant les fetes de la Noël, et afin que nos successeurs ne puissent manquer à suivre et exécuter la présente délibération à ce saint monument et marque immortelle du vœu du présent que l'Assemblée fait, M^{rs} les Consuls fairont faire un ex-voto où sera l'effigie de St-Roch et la forme de la procession de la paroisse desdits frères pénitens, duquel vœu sera donné cognaissance par M^{rs} les Consuls à Monsieur le Prieur, afin qu'il ait la bonté de concourir de sa part pour l'exécution d'icelluy, laquelle procession sera proclamée le soir d'auparavant aux soins des Srs Consuls. »

(Suivent les signatures.)

Le dimanche qui suit le 16 août, la fête de Saint-Roch est solennisée avec la plus grande pompe, et encore une fois, pendant neuf jours, matin et soir, les dévots du saint protecteur se réunissent dans la vieille chapelle, dédiée dès 1650 en son honneur.

Si nous parcourions les archives de toutes les communautés de Provence, nous trouverions presque partout des faits analogues.

IX

Avant de terminer, disons ce que devinrent les reliques de notre bienheureux : D'après le martyrologe romain. la plus grande partie fut transférée à Venise, en 1485 ; mais déjà le maréchal de Boucicault, ami des Trinitaires, avait obtenu, dès 1372, pour leur couvent d'Arles, presque tout le corps de Saint-Roch.

En 1501, le pape Alexandre VI ordonna d'envoyer à Grenade (en Espagne) un os de l'épine dorsale pour préserver ce royaume des incursions des Maures.

Guillaume Levasseur, médecin de François II, muni d'un bref de Clément VII, obtint *l'os du cou*, appelé *spondyle*, qu'il donna à l'église de Villejuif près de Paris.

Une partie du chef du saint fut donnée aux Trinitaires de Marseille, le 22 mai 1557 ; l'autre à Douai ; un os à Rome, en 1575, qu'on plaça dans l'église de Saint-Sébastien, et un autre à Turin, en 1620 ; à Anvers, une partie de l'épine dorsale, et l'autre portée à la chapelle des Carmes, où eut lieu le miracle dont nous avons parlé, en 1576.

La paroisse de Saint-Roch, qu'il ne faut pas confondre avec les Grands-Carmes de la capitale, possède aussi une portion de ces précieux restes. Louis XIV et Anne d'Autriche, sa mère, posèrent la première pierre de cette église, en mars 1653 ; douze ans après, l'archevêque de Paris en fit la consécration et alors eut lieu la translation solennelle de l'os du bras droit du bienheureux pélerin, obtenu de l'archevêque d'Arles, placé d'abord dans la chapelle des Pères Capucins.

Trans a le bonheur de posséder quelques parcelles de ces insignes reliques ; chacun peut les vénérer toutes les fois qu'on expose la vieille statue du protecteur du pays, puisqu'elles sont placées dans son piedestal.

Et maintenant que nous connaissons la vie de Saint-Roch, les innombrables miracles qu'il a fait, et pendant sa vie et après sa mort, disons-lui, avec

un vieux poëte médecin, cité par Ranchin, médecin
lui-même :

Sire Saint Roch, de Dieu amy,
Moult dévotement, je te pry
Que moy ton humble serviteur
Me garde de ce haut périr
De la peste que voy courir !
Hélas ! qui saurait bien conter
Tes miracles et raconter
Ceux que tu as fait en ta vie !
Par toi cessa l'épidémie.
De Tournay, Abbeville, Amiens,
Qui depuis ont loué ta vie
Te remercient de tes biens
Comme ceux qui se disent tiens.

X

Neuvaine a Saint-Roch

en temps d'épidémie

Après la récitation du *Veni Sancte Spiritus* :
Lire un chapitre de la *Vie du Saint* (c'est à cette fin qu'elle a été divisée en neuf chapitres);
Réciter ensuite le chapelet de Saint-Roch, qui se compose, outre le *Pater* et le *Gloria Patri*, de cinq dizaines comme celui de la Très-Sainte-Vierge ; seulement, au lieu de l'*Ave Maria*, dire : « Mon Dieu, je vous remercie de la grâce, de la gloire et de la vertu que vous avez donnée à Saint-Roch » ; et on répond : « Saint-Roch, priez pour nous » ;
Terminer par la récitation des litanies du saint, chant de l'hymne ou d'un cantique en son honneur.

LITANIES

Seigneur, ayez pitié de nous.
Jésus-Christ, ayez pitié de nous.
Seigneur, ayez pitié de nous.
Jésus-Christ, écoutez-nous.
Jésus-Christ, exaucez-nous.
Père Céleste, qui êtes Dieu, ayez pitié de nous.
Fils Rédempteur du monde, qui êtes Dieu, ayez pitié de nous.
Saint Esprit, qui êtes Dieu, ayez pitié de nous.
Sainte Trinité, qui êtes Dieu, ayez pitié de nous.
Sainte Marie, Mère de Dieu, priez pour nous.

Saint Roch, qui êtes né d'un sang noble, priez pour nous.

Saint Roch, généreux contempteur du monde, priez pour nous.

Saint Roch, fidèle disciple de Jésus-Christ, priez pour nous.

Saint Roch, qui portâtes constamment la mortification de Jésus-Christ, priez pour nous.

Saint Roch, dont le cœur brûla toujours du feu de la charité, priez pour nous.

Saint Roch, qui avez sacrifié vos biens aux pauvres, et qui vous êtes sacrifié vous-même, priez pour nous.

Saint Roch, qui avez mendié des opprobres pour l'amour de Jésus-Christ, priez pour nous.

Saint Roch, qui avez prodigué votre vie au soulagement des malades, priez pour nous.

Saint Roch, qui avez servi les pestiférés avec un zèle et un courage héroïques, priez pour nous.

Saint Roch, qui par le signe de la croix arrêtiez les ravages de la peste, priez pour nous.

Saint Roch, qui avez été, enfin, attaqué vous-même de la peste, priez pour nous.

Saint Roch, qui êtes devenu pour les pestiférés un modèle de patience, priez pour nous.

Saint Roch, qui avez recouvré la santé comme par miracle, priez pour nous.

Saint Roch, qui, malgré votre innocence, avez été couvert d'opprobres, priez pour nous.

Saint Roch, qui avez terminé votre vie dans la prison comme un malfaiteur, priez pour nous.

Saint Roch, que l'Eglise, dans un Concile, invoqua efficacement contre la peste, priez pour nous.

Saint Roch, que Jésus-Christ a couronné de gloire et d'honneur, priez pour nous.

Saint Roch, notre protecteur, priez pour nous.

Agneau de Dieu, qui effacez les péchés du monde,
    pardonnez-nous, Seigneur.
Agneau de Dieu, qui effacez les péchés du monde ;
    exaucez-nous, Seigneur.
Agneau de Dieu, qui effacez les péchés du monde,
    ayez pitié de nous.
Jésus-Christ, écoutez-nous.
Jésus-Christ, exaucez-nous.

Priez pour nous, ô bienheureux Roch, afin que nous
soyions dignes des promesses de Jésus-Christ.

ORAISON

O Bienheureux Saint Roch, fidèle serviteur de Jésus-
Christ, qui avez reçu d'en haut le pouvoir de préserver des maladies contagieuses de ce monde, pré-
servez-nous de la contagion du péché et de toutes
les maladies terrestres ; par votre sainte intercession,
éloignez de nous tout péril, et obtenez-nous la grâce
qu'après cette vie misérable, nous ayons le bonheur
de vous voir et de régner avec vous dans le Ciel.
Ainsi soit-il.

XI

HYMNUS

Ave, Roche Sanctissime,
Nobili natus sanguine,
Crucis signatus schemate,
Sinistro tuo latere.

Roche, peregrè, profectus,
Pestiferos curas tactu :
Ægros sanas mirificè,
Tangento salutiferè.

Vale, Roche, angelicæ
Vocis citatus flamine :
Qui potens es déificè
A cunctis pestem pellere.

Laus, honor, virtus, gloria,
Deo Patri, et Filio,
Sancto simul Paraclito,
In sœculorum sœcula.

Amen.

HYMNE

Nous vous saluons, ô Saint Roch ! Vous naquîtes d'une famille illustre. Dès votre naissance, parut imprimé sur votre poitrine le signe de la croix.

Dans vos lointains pèlerinages, vous guérissiez les pestiférés en les touchant, et, par votre contact, vous rendiez merveilleusement les malades à la santé.

O Saint Roch, à la voix angélique, écoutez notre prière; et, par ce pouvoir dont Dieu vous favorise, daignez tenir loin de nous tous le fléau de la peste.

Louange, honneur, puissance et gloire à Dieu le Père, à Dieu le Fils, et à Dieu le Saint-Esprit, dans tous les siècles des siècles.
Ainsi soit-il.

ORAISON

Conservez, Seigneur, nous vous en prions, votre peuple dans une continuelle piété ; et, par les mérites du Bienheureux Saint Roch, préservez-le de toute contagion de l'âme et du corps. Par Notre Seigneur Jésus-Christ, votre Fils, qui vit et règne avec vous, en l'unité du Saint-Esprit, dans tous les siècles des siècles. Ainsi soit-il.

XII

PREMIER CANTIQUE

SOLO

Tu vivais, ô Saint Roch, de zèle
Pour ton Dieu, pour sa sainte loi ;
A la grâce, aux vertus fidèle,
Cachant les œuvres de ta foi.
Mais quand vint ton heure dernière,
Le Dieu pour qui tu soupirais,
Glorifia ton humble carrière,
Et ton nom, et tous tes hauts faits.

CHŒUR

Saint Roch, ô jour heureux ! ta mémoire bénie
Nous convie à t'offrir des honneurs solennels ;
Que notre amour s'épanche en torrents d'harmonie !
Mêlons nos chants d'amour aux hymnes éternels ! *(bis)*

SOLO

A Césène, à Rome, à Plaisance,
Et dans plus d'une autre cité,
La peste, en ta sainte présence,
Obéit à ta charité :
Depuis lors, le peuple t'appelle
A son secours, dans les malheurs :
Et, souvent, ta voix paternelle,
Chasse encor les fléaux destructeurs.

Si nous éprouvons ta puissance
Lorsque nos corps sont abattus,
Tu nous fais subir l'influence
De tes héroïques vertus.
Aux richesses, comme à toi-même,
Tu renonças jusqu'au mépris,
Et toujours, d'un amour extrême
Pour les âmes tu fus épris.

De Saint Roch, marchons sur les **traces,**
Sous l'étendard de notre Dieu !
Au monde, à l'enfer, aux disgrâces,
Montrons-nous forts et courageux !
Ce n'est qu'au jour de la victoire
Qu'est brillant le front des héros,
Et le chrétien qui veut la gloire,
Ne doit pas chercher le repos.

Le repos, Jésus le réserve,
Dans le séjour des bienheureux,
Au chrétien vaillant qui conserve
Un cœur fidèle et généreux.
Le Dieu juste, en récompense,
Lui dira : « Monte vers les cieux ;
« Tu combattis pour ma défense ;
« Que ton front brille glorieux ! »

O Seigneur, qu'ils sont magnifiques
Les habitants de ta cité,
Écoutant les voix angéliques,
Et s'enivrant de ta beauté !

Toujours la paix sur ces rivages
Éclairés d'un soleil divin !
La mort n'y fait point de ravages.
Rien n'y trouble l'hymne sans fin.

Saint Roch. jouis de ta victoire !
La palme et le ciel sont à toi !
Et moi. touché de tant de gloire.
Je sens se réveiller ma foi :
Je veux. avec toi pour modèle.
M'élever à cette hauteur,
Fais que toujours j'y sois fidèle
Par la grâce du Rédempteur.

Obtiens-moi ton noble courage,
Et ta foi vive et les vertus !
J'aspire à ce bel héritage.
Le seul vrai trésor des élus.
Oui, ta gloire me fait envie.
Et j'ai soif de la conquérir ;
A Dieu je veux donner ma vie.
Afin de ne jamais mourir.

Cher Patron de cette paroisse,
Protège nos champs. nos maisons ;
Écarte loin de nous l'angoisse
De la peste. et des folles passions !
Inspire-nous le même zèle
Dont tu brûlais pour le Seigneur !
Fais-nous. dans la gloire éternelle,
Un jour. partager ton bonheur !

XIII

DEUXIÈME CANTIQUE

CHŒUR

Du peuple chrétien fidèle,
Saint Roch, puissant protecteur ;
Tu fus aussi son modèle,
Qu'il soit ton imitateur !

SOLO

En vain, l'opulente fortune
Étale à tes yeux ses appas :
Son éclat trompeur t'importune,
Ton cœur plus grand n'en voulut pas.

Tu fuyais ce monde volage :
Quoi donc pouvait t'y retenir ?
Contre les attraits du jeune âge,
Le Ciel a su te prémunir.

Esprit, talents, beauté, jeunesse,
Pour toi, tout n'est que vanité ;
Tu foulas aux pieds la richesse,
Cherchant la *vraie* félicité.

Ami des croix, des sacrifices,
Mort aux honneurs, mort au plaisir,
Ton âme trouvait ses délices
En aimant ce qui fait souffrir.

Déjà, l'Italie entière,
De ton ardente charité,
Contre la peste meurtrière,
Proclamait l'efficacité.

Devant ce renom de puissance
Tu fuis; tu n'as plus aspiré
Qu'à vivre et qu'à mourir en France,
Humble, souffrant, pauvre, ignoré.

Dieu t'exauça : Mais, pour la gloire,
Il fit, ici-bas, en tous lieux,
Connaître et bénir ta mémoire,
Pendant que tu règnes aux cieux.

Et, là-haut, où brille ton trône,
Parmi les chœurs des Chérubins,
De bonheur, le Christ t'environne,
Te *confie* ses trésors divins.

Obtiens-nous de suivre les traces,
Aimable saint, *prie* Dieu pour nous :
Le secours des célestes grâces,
Nous l'implorons, à tes genoux.

XIV

TROISIÈME CANTIQUE

Air : O prodige, ò merveille. (pour la **résurrection ;**
dans la lyre angélique).

REFRAIN

O Saint-Roch, notre Père,
Entends notre prière ;
Accueille notre amour.
Nous voulons. d'âge en âge.
Chérir ton patronage,
Célébrer ce grand jour.

PREMIER SOLO

Que la lyre des anges
S'unisse à nos transports,
Que nos vœux. nos louanges,
Forment de doux accords ;
Tu gardes notre ville,
En toi nous avons foi.
Notre vie est tranquille
Sous ton aimable loi,

DEUXIÈME SOLO

La Croix du divin Maître
Rayonne sur ton cœur;
Quand tu viens à paraître,
Il n'est plus de langueur:
Les fléaux et la peste
Sont soumis à ta loi,
Et ton pouvoir céleste
Dissipe tout effroi.

CHŒUR

O Saint-Roch, etc.

TROISIÈME SOLO

L'Eglise, en ses alarmes,
Ressentit ton pouvoir
Pour essuyer ses larmes
Tu te fis un devoir
De chasser de Constance
Toute contagion,
Sauvant par ta présence
Peuple et religion.

QUATRIÈME SOLO

L'Italie et la France,
L'Europe et l'Univers
Célèbrent ta puissance
Et tes bienfaits divers.
Des vengeances divines
Tu détournes les coups,
Et sur nous tu l'inclines
Pour nous protéger tous.

XV

QUATRIÈME CANTIQUE

Qu'il soit béni le jour, qui nous ramène,
La Fête chère au cœur de tes enfants !
Nous venons tous, de bonheur l'âme pleine,
Chanter ton nom et t'offrir nos accents ;
Ton bras puissant préserva cette terre
Du mal affreux qui ravageait ces lieux ;
Ah ! du péché, préserve-nous, bon Père,
Saint Roch, Patron aimé de nos aïeux !

Bien jeune encor, pour suivre l'Evangile,
Aux malheureux il donne tout son or,
Il est heureux, sans pain et sans asile,
Pauvre du Christ, le Ciel est son trésor.
Pour le gagner, il méprise la terre,
A ce qui passe, il a fait ses adieux ;
Ah ! de l'orgueil, préserve-nous, bon Père,
Saint Roch, patron aimé de nos aïeux !

Il est parti pour la ville éternelle.
Mais le Seigneur guide le Pélerin,
Et c'est à Trans, quand la peste cruelle
Semait la mort, qu'il s'arrête en chemin.
Lors, le fléau recule à sa prière,
Et les chrétiens rendent grâces aux Cieux.
Éloigne, loin de nous, le mal, ô Père,
Saint Roch, patron aimé de nos aïeux !

Il a franchi les monts de l'Italie,
Et le miracle accompagne ses pas,
Sur son passage, il va semer la vie.
Convertir les pécheurs, arrêter le trépas.
De ses enfants, en voyant la misère,
Comme le Christ, son cœur a pitié d'eux ;
De tout danger, délivre-nous, bon Père,
Saint Roch, patron aimé de nos aïeux !

Mais, à son tour, le mal affreux le jette
Sur un grabat, et le pestiféré,
Qui prodiguait ses soins, on le rejette ;
Le voilà seul. A-t-il désespéré ?
Non, c'est en Dieu qu'il croit et qu'il espère,
Et le Seigneur entend ses cris pieux.
Écoutez-nous, sauvez-nous, ô bon Père,
Saint Roch, patron-aimé de nos aïeux.

TABLE

—

DRAGUIGNAN. — Imprimerie E. LUO & Cie

DU MÊME AUTEUR :